D1695772

Walter Pöschl
Im boarischn Himme

Bschoad-Bücherei
Band X
Herausgegeben von Dr. Rupert Sigl

Walter Pöschl

„Im boarischn Himme"

Ein bairischer Psalter

Zeichnungen von Ehrenfried Scholz

MORSAK-VERLAG GRAFENAU

Schutzumschlaggestaltung und
Illustrationen: Ehrenfried Scholz

Gesamtherstellung:
Morsak Druckerei und Verlag oHG
8352 Grafenau

Printed in Germany

ISBN 3-87553-347-X

Wia de oazelna Kapitel hoaßn:

Vorwort

Der bairische Psalter braucht eine Vorrede, denn es wird darin der frivole Versuch unternommen, die Maßstäbe dieser Welt auf den Himmel zu übertragen. Damit, so wird der Kritiker sagen, sind wir wieder einmal soweit, daß religiöse Werte als Witz oder als eine zu belächelnde, rührselige Erinnerung an die gute alte Zeit dargestellt werden. Heißt es nicht im Buche der Weisheit (Kap. 9, Vers 16): „Wir erraten kaum, was auf der Erde vorgeht. Wenn wir aber nur mit Mühe verstehen, was wir vor Augen haben, wie können wir dann das Himmlische ergründen?" Um den Kritiker zu beruhigen, ist jedem Kapitel eine geistliche Aussage vorangestellt.
Sie soll uns Mut machen, über den Himmel und das Leben nach dem Tod nachzudenken und daran zu glauben, daß der Schöpfergott, der Gott der Lebenden, den Menschen in der Stunde des Todes neu erschafft.
Es wird immer wieder Menschen geben, die in einem Gemisch von Neugier, Angst und Sehnsucht dem Tod in die Karten spitzen wollen. Davon bleibt natürlich auch der christkatholische Bayer nicht verschont. Aber er hat es leichter, über den Himmel zu spekulieren, weil er gleich um die Ecke ein barockes Gotteshaus findet, in dem der prächtigste Himmel an die Decke gemalt ist.

Walter Pöschl

Freuet euch vielmehr, daß euere Namen in den Himmeln aufgeschrieben sind.

(Lukas 10,20)

Erstes Kapitel

Vo da himmlischn Glückseligkeit

Iatz Leitl, laßts oiß liegn und steh,
daß i vozähl vom ewign Lebn.
Vialleicht werd enk na' 's Herz aufgeh,
denn ebbas Scheeners ko's net gebn.

Wann d'Muadda selig bei da Tür
in d' Stubn kaam, wia s' leibhaftig war,
kaam uns des wiar a Wunda vür
und oissamm wurad offenbar.

Sie naahm uns freindli bei da Hendd
und daat uns voller Freid vozejhn,
wia schee daß 's is, bei ihr da drent,
wann tausad Engl Harfn spejn,

wann Cherubim und Seraphim
groußmachtig Gottes Lobpreis singan
und d' Erzengl mit lauter Stimm
am Herrgood eahna Standdal bringan.

Mia daatn so a Sehnsucht kriagn,
daß ma zum Herrn „Bittgarschee“ sagn
„laß uns glei sterbn, zum Himme fliagn.
Tua uns net nach de Sündn fragn.
Laß uns no heit ins Paradies.
Mia mechtn sei, wo d' Muadda is.“

Doch leider Gottes is no koans,
des drent war, wieder uma kemma.
Drum müaß ma hoit heit ganz alloans
unsan Verstand zu Hilfe nehma.

Herst wo an wundersama Gsang,
siehgst in da Nacht an hella Schei,
gspürst d' Liab in dir, wia Suibaklang,
na' moanst, so müadds im Himme sei.

O mei, da feihts no' himmeweit.
Des is do' grad a flüchtigs Gschau.
A Zipfe von da Ewigkeit,
a Kräuterl von da Himmels-Au.

Und wannst im Siebtn Himme bist,
vor lauter Liab dei Madl frißt.
Ah des is bloß a Fingerhuat
vom Glück, des ewig dauern tuat.

Bist scho amoi durch unsa Derfal ganga
am Sunnta nachmittag, wenn oiß wiar
ausgstorbn is?
Auf oamoi gspürst, da kaantst dei Glück
eifanga
und du mechst dableibn, weil des Dorf so
friedlich is.

A Gruch vom Wurzgartl steigt dir in d'Nasn.
De Apfebaam san voller Blüah und Impngsumm.
An oidn Schimme siehgst im Gartn grasn.
Wannst mit da Zung schnoizt, schaugt a
nach dir um.

Iatz hast de Taubn aufgscheicht von eahnam
Kowe.
Sie fliagn a Reibn und hockan se na' wieder hi.
Da Gickal auf da Miststatt gibts heit nowe.
Vom Dorfbrunn kimmt a wundersame Melodie.

Vom Mitterhölzl schreit da Kuckuck uma
und drunt am Weiher schnattern a paar Gäns.
Da Tyras hebt sein Kopf und macht an Brumma.
Da Miche fahrt mi'n Radl zu da Zenz.

A fleißigs Bachal treibt beim Müller 's Radl.
Tua ma de kloana Buzal net an Schlaf voziahgn.
Zum Frauabründl weist da Bua sei Madl,
er mecht am Hoamweg no a Bussal kriagn.

Sehgt's Leitl, in da Ewigkeit,
da gibts oi Tag a soiche Freid.
Da is da Friedn net grad wiar a Kartnhaus.
Und d' Seligkeit geht Tag und Nacht net aus.

Bist oamoi drinn im Paradies,
kimmst leicht vo selm in Schwung.
Wo 's Herz a laffads Bründl is,
da bleibt 's ah ewig jung.

Zweites Kapitel

Wo da Bayernhimme nacha is

„Wo is'n na' dei Himme? Sag ma's gschwind."
Fragt mancher voier Ungeduid.
Er mecht oiß ganz gnau wissn, vorn und hint,
und da dro is des Teixl-Fernsehn schuid.

Für oan, der Biwe deitn ko, gibts koa Problem.
Da Himme is hoit da, wo unsa Herrgood is.
Wo Jesus und Maria mit Gottvater lebn.
Auf boarisch hoaßt ma's dort „beim Paradies."

Und mittn in da Herrlichkeit,
glei wo de Sterndlwiesn blüaht,
da wohnan de gottsel'gen Leit,
an ew'gen Friedn hams im Gmüat.

Rein geographisch is de Sach ganz klar.
Der Teil vom Himme, wo de sel'gen Bayern lebn,
is direkt über uns, des is gwiß wahr.
Und d' Schwabn, de san net weit danebn.

De Grenz is so eiteilt, ois wia herunt.
Vo Lindau bis nach Zwiesel nei.
Schnurgrad in d' Höh und obn hoibrund.
So grouß werd unsa Bayernhimme sei.

A bißl Angst muaßt ham, daß dir net
aufgmacht werd.
Net jeder, der da oklopft, derf in Himme nei.
Wer liagt und stejht und grad de Leit oplärrt,
der werd beim Teifi unt ois Hoaza vorgmirkt sei.

„Obs dir da gfoit?“ Da brauchst net fragn.
Du warst lang furt und kimmst zum Vaterhaus.
Di plagt a Zeitlang, net zum Sagn
und d' Muadda schaugt se d' Augn scho nach
dir aus.

Zu Morgens ein Engel,
zu Mittag ein Mensch,
zu Abends ein Teuffel,
dies heißt gen Himmel fahen,
wie ein Kuh in ein Mänsloch.

Jeremias Drexl 15.8.1581–19.4.1638
Münchner Hofprediger

Drittes Kapitel

Wia ma in boarischa Himme neifind't

Iatz mechts hoit wissn, des vosteh i guat,
wia ma da neifindt in des Himmereich.
Was ma oiß braucht, was ma so tuat.
Paßts auf, nachad vozähl i's eich.

Da Weg dahi is fei net leicht zum Geh,
denn da bist muaddaselnalloa.
Koa Mensch ko dir zur Seitn steh.
Bloß guate Werke kinnan ebbas für di toa.

Des erste Trumm gehts gach bergauf.
Da derfst net Angst kriagn und an Muat verliern.
Bois darrat, blitzt und schneibt, verlaß di drauf,
dei Engl kimmt dir z' Huif und werd di führn.

Vo weiten siehgst a zammgfoins Haus.
Des is an Boandlkrama sei Logie.
Da geht ma nei und ziahgt sein Adam aus
und hängt sei Gwandl an an Nagl hi.

Na' kriagst a Hemad, des koa Taschn hat.
De Ärmel san da sauber z'weit.
Daß d' nix zon Eischiabn hast, des is ja grad,
des erste Zeichn von da Ewigkeit.

Iatz bist so huiflos wiar a Wicklkind.
Gehst ganz daloawet übern Felsngrat.
Wia leicht kaant die da kleanste Wind
da owe wahn, wo ma koa Hoffnung hat.

Lang gehts bergab ins Tal der sel'gen Ruah.
Da ham de arma Seel'n eahna Quartier.
Des Tor zon Himme is für sie no zua.
Drum kimmt eahna oa Tag wia tausad Jahr boid
vür.

Mir hoitn uns da weiters net lang auf.
A langa Weg is no' bis zu da nächstn Rast.
Guat tausad Staffeln gehts ganz gach bergauf.
De packst grad, boist dei Unrast ausgschwitzt
hast.

I kenns eich o, ös teats iatz spekuliern:
De Staffeln laß' ma aus, de bleibn uns gstoihn.
Da werd do' ah a Bergbahn auffiführn
für soicha, de net kraxln kinnan oder woin.

Ja, liawe Landsleit, des is weltlich denkt und
gsagt,
ös moants, da Weg zum Himme is a
Kindagspui.
Es gibt koan Preis für oan, der si' net plagt.
Des is net anders, ois wiar in da Schui.

Iatz is da zwoate Rastplatz nimma weit.
A Bankerl, aufgricht überm Firmament.
So selig warst scho nimmer seit da Kinderzeit.
Vor lauter Liacht moanst, daß da Himme brennt.

Vui tausad Sterndl glanzn Tag und Nacht.
Da Mond, der hat an suiban Schei.
Da Wendlstoa steht da in voller Pracht.
Du wünscht dir, da mechst ewig sei.

Wo oiß so liacht is und so leicht,
da bist iatz bei da „Rast zum ewign Liacht".
Wo d'Luft so lind durch Baama streicht,
da is's koa Wunda, daß se neamads fiacht.

Wennst ausgrast't hast, na' gehn mas wieda o.
A Viertlstündal brauch ma no', des is iatz
nimma weit.
Da wern da d'Augn aufgeh, mei liawa Mo!
Mia kemman zo da ew'gen Seligkeit.

Iatz werd glei d'Sonn aufgeh.
Des hättst net glaabt, daß d' so was Scheens
dalebst.
Auf oimoi siehgst dein Engl vor dir steh.
Du gehst zu eahm und merkst, daß d' schwebst.

An Juchaza laßt raus vor lauta Freid.
Dann gehst durchs goidne Himmelstor,
vogißt auf d' Welt, vogißt auf d' Zeit.
Vo weitn herst an Engls-Chor.

Du kennst das Liad net und singst dengast mit.
Es gfoit da glei bei dene Leit,
denn überoi auf Schritt und Tritt
triffst auf de himmlische Gottseligkeit.

Du glaabst as net und moanst, es is a Traam,
daß d' da herobn sei derfst im Paradies.
Dei Seel', de schlagt vor Freid drei Purzlbaam
und scho bist eigwöhnt, weils so gmüatle is.

Iatz stehst am Anfang und am End'.
Du bist koa Knecht mehr, der bloß schwitzt
und seiner Lebtag schuft't und rennt.
Du bist da Sohn, der neban Vadda sitzt.

Wer d' Liab ghabt hat, derf ewig lebn!
Wo d' Liab is, da is d' Mittn.
Wer Kartn gmischt hat, derf ah gebn.
Wer gebn hat, der braucht nimma z' bittn.

Erster Zwischengesang

„Wennst in Himme, sagt a,
wuist kemma, sagt a,
muaßt a Loatern, sagt a,
mitnehma, sagt a,
denn da Himme, sagt a,
is gar hoch, sagt a,
steigt ma eina, sagta,
bei an Loch.

Wennst in Himme, sagt a,
wuist kemma, sagt a,
muaßt a Gejd, sagt a,
mitnehma, sagt a,
denn da Peterl, sagt a,
is gar fein, sagt a,
gibst eahm nix, sagt a,
Kimmst net nei!"

Wennst in Himme wuist kemma,
muaßt a Zeitung mitnehma,
denn im Himme ham s' es gern,
wenn's was Neues inna wern.

Wennst in Himme wuist kemma,
muaßt a Sacktüache mitnehma,
denn im Himme is 's a Schand,
putzt da d' Nasn mit da Hand.

Wennst in Himme wuist kemma,
muaßt dir Handschuah mitnehma,
denn im Himme, da is 's koid,
weil da Schnee abafoit.

Wennst in Himme wuist kemma,
muaßt a Hemad mitnehma,
denn im Himme in an Gwand
fliagt koa Engerl umanand.

Wennst in Himme wuist kemma,
muaßt d' Muadda Gottes z'Huif nehma,
denn de Himmemuadda, de hejft gern,
daß mia Bayern selig wern.

Anton Pieringer, gewester Pfarrer im
niederbayerischen Nesselbach (1799–1879)

(Die letzte Strophe vom Autor)

Wenn der Herr uns erlösen wird,
werden wir sein wie die Träumenden.

126. Psalm

Viertes
Kapitel
Wia ma im
boarischn Himme
aufgnomma werd.

Wenn uns nach langer Dunkelheit
da Herrgood weist ins Liacht,
na' kimmt a ganz a scheene Zeit,
in der se neamd mehr fiacht.

Des werd a Fest für grouß und kloa.
Du schaugst mit Augn und Mai.
Jeds Herz glanzt wiar a Edlstoa
und du bist ah dabei!

Was d' glaabt hast, des is Wahrheit worn.
Was d' ghofft hast, is iatz gwiß.
Du bist a zwoates Moi geborn,
weil d' Liab a Treffer is.

Auf Zechan gehst in Thronsaal nei,
stellst di ganz hintn o.
Da kimmt da Petrus, ladt di ei
und hat die glei ganz vüre do.

Erheb dei Herz und deine Augn!
A Wunder, daß koans bricht!
Denn du derfst iatz dein Herrgood schaugn
von Angesicht zu Angesicht!

Wenn uns da Herr Erlösung bringt,
is des ois wiar a Traam.
Wenn uns sei Gnadnstrahl durchdringt,
na' broat ma d' Arm aus wiar a Baam.

Dein Glauben kost iatz ewig gspürn!
Dei Hoffnung hat se g'lohnt.
Dei Engl werd di dahi führn,
wo unsa Herrgood wohnt.

Da Kurbal sagt „Grüaß Good" zu dir.
Da Bruada Konrad gibt da d' Hendd.
Na' zoagt a da de „Boarisch' Zier",
so wern de Heilign vo Andechs gnennt.

Es kimmt da heil'ge Leonhard
und nimmt di in Empfang,
weist di zur sel'gen Irmingard,
da is da nimma bang.

Denn auf da Frauaninsel warst scho oft.
Hast in da Kircha 's Herz ausgschütt.
Hast auf dei Auferstehung ghofft,
und ghoiffa hat dei Bitt!

Seids staad, da König David singt!
Er mecht an neia Psalm vortragn.
Auf daß sei Liadl bessa klingt,
muaß eahm d' Cäcilia d' Zithern schlagn:

„Wahrhaftig, Gott hat Wunder do!
Er macht de Nacht zum Tag.
Bei Eahm klopft neamd vergeblich o,
weil Er uns alle mag.

Zum Herrgood ko ma oiwei geh!
Er stellt oam d' Schuah net naus.
Er laßt uns sterbn und aufersteh.
Bei Eahm rast ma uns aus!

Wenn uns verlorne Schaf auf d' Nacht
da guate Hirt zum Pferch hoamtragt,
werd eigns für uns a Festmahl gmacht.
So hats da Herr uns selba gsagt."

Kimm weita, schreit da Leonhard.
Iatz geh ma zu dein Elternhaus,
wo d' Muadda sehnlich auf di wart.
Sie schaugt scho lang bein Fensta raus!

„Wenn wir den Himmel betrachten, so ist die Welt dagegen eine enge Hühnersteigen, eine elende Hundshüttn oder ein schlechtes Bauren-Häuslein."

Andreas Strobl, Barockprediger
aus Buchbach (1641–15.10.1706)

Fünftes Kapitel

Wias im boarischn Himme ausschaugt

Es kunnt ja sei, ös mechts no' mehra hern
vom Bayernhimme und vo seine Leit.
Koa Angst, ös werds no' oissamm innawern,
weil mi heit 's Schmatzn gar so gfreit.

Da Himme hat a scheens greans Gwand
aus Wiesngrund und Tannawoid,
und drüwa is a Dachl gspannt,
weißblau, wias hoit de Bayern gfoit.

Soweit wiasd siehgst, gibts Ackerland.
Da Imp brummt üwan Honigklee.
Daß d' gspürst, wo deine Wurzln sand,
muaßt barfuaß üwa d' Furchan geh.

De scheenan Bleamen san beinand.
Durch d'Wiesn schlangelt se da Bach.
A Wallach sauft vom Wassergrand.
Da Amslmo pfeift laut vom Dach.

A jeds hat drobn a gmüatlichs Haus
mit greane Fenstalädn und Nagerlstöck.
Und in da Fletz fliagn d' Schweiwal ei und aus
und blinde Katzerl brauchan koa Vosteck.

A jeda ko da lebn, wo er an Gusto hat,
da oane im Gebirg, da anda auf'm Land.
Da oa im Dorf, da anda in da Stadt.
Koan Fremdn siehgst, denn alle san se guat
bekannt.

A scheene Aussicht hat ma vo da obn.
Vui Sachan san hoit anders wia heruntn.
De Woikn wern net üwa sondern unta
oam vaschobn
und d'Liachta vo de Stern wern mit a langa
Stang ozundn.

Iatz kennt mas erst, daß drunt des mehra
net vui taugt.
D'Regierung tappt im Finstern rum
im eigna Haus.
Da Burgamoasta, der oiwei so
vürnehm schaugt,
der nimmt se kleana aus,
ois wiar a Laus.

Des Scheena is, daß oan herobn a jeds vosteht.
Mia hat fürn Nachbarn mehra Zeit.
Und jeda gfreit se, daß 's eahm so guat geht,
denn unter Selige, da gibts koan Neid.

Da gibts koa Grenz mehr zwischen Arm
und Reich.
Du siehgst koan, der se wichtig nimmt und macht.
Ob dick, ob dürr, da schnauft se jeda gleich.
Da geht da 's Herztürl auf, weil jeder lacht.

Da gibts koan Sauhund und koan Deppn
nimma.
Da Bua braucht koane Strixn und koa Christn-
lehr.
Koa Mo sagt zu am Weiwerts Frauenzimma
und 's Deandl macht koa lange Babbm her.

Koa Woid is krank, koa Straß is teert.
Koa Fisch is in sein Wassa drinn varreckt.
Und bloß, weils hoit zur Seligkeit herghert,
san d'Schwammerl no' im Moos vosteckt.

Wia gibts iatz des? Da is scho oiß voi Blüah!
Und nebn de Blüah san grusalgelbe Birn!
Bei uns herunt waars für de Blüah no z' früah.
De müassadn um so a Zeit pfeigrod dafrian.

De Impn tragn an Honig zua und angeln net.
Es gibt koan Wehdam mehr und ah koa Gwoit.
Koa Milli lafft da zamm und boi a Reh dasteht,
na kracht net glei a Schuß im Tannawoid.

Was oid und schiarle war auf dera Welt,
is drentn jung, lebfrisch und schee.
Wer krumm und bucklad war und außegstellt,
der derf se iatz ganz vorn histeh.

Und oiß, was net verständlich war,
des werd auf oamoi klar wia Kletznbrüah.
Daß d' iatz koa Uhr mehr brauchst, is
wunderbar.
Neamads is z'spaat dro oder z'früah.

Was finster gwen is, streng bewacht,
des is iatz liacht und freidi gstimmt.
Grad so, wiar aus 'ra Frühlingsnacht
a veichalblaua Tag raufkimmt.

Kimmst nauf, na' muaßt glei in Kanzlei.
Sie fragn di, wiasd di schreibst,
obsd boarisch kost und nebenbei,
obsd Kartn spuist und Kegl scheibst.

Obsd oiwei no' des Bier gern magsd
und wosd gern wohna wuist.
Was d' zo dem scheena Weda sagst
und obsd no Klarinettn spuist.

Obsd di im Himme selm verpflegst,
obsd in am Wirtshaus ißt.
Obsd dir an kloana Hund zualegst,
warum daß d' no' so daasig bist.

Kurzum, du bringst dei Sach guat vür,
was sei muaß, des muaß sei,
nah weisens di in dei Quartier
und du schnaufst auf und ziahgst glei ei.

Oidboarisch werd im Himme gred't
so is 's da Brauch seit Ewigkeit
und in da Kirch werd ah so bet't.
De Sprach vosteht de Obrigkeit.

Oidboarisch is a feine Sprach.
Es gibt nix Scheeners auf da Welt.
Wo findst an Schatz, so liab und gschmach?
A Weiwaleit, rundum guat gstellt.

Sei Goscherl is so resch und spitz,
pfeift wiar a frecha Schuastabua.
Sie hat a Gmüat und mag an Witz.
Gern hert ma ihr beim Ratschn zua.

Sie gfreit oan wiar a Blaskapejn,
summt wiar a Apfebaam voi Blüah.
Boid herst an Engl Harfn spejn,
boid singt a Lerchal in da Früah.

Oidboarisch werd im Himme gschmatzt,
wiar uns da Schnabe gwachsn is.
Im Himme da werd neamads tratzt.
Des paßt net nei ins Paradies.

Und so red't Gott der Herr:
„Freundal, du bist net irgendwer.
Mit Liab hab i di pflanzt und zogn
und wannst as braucht hast, richtig bogn.
Am End von deiner Lebenszeit
werst vo meim Engl hoambegleit."

Da hat mi neile fredi oana gfragt,
ob i ah woaß, wias drobn im Himme riacht.
Ja, freili woaß i des, hab i drauf gsagt,
i siehgs scho, du bist koa grouß' Liacht.

Es gibt koan bessan Gruch net wia den Duft,
wenns Bauernbrot frisch aus am Ofa kimmt.
So riacht im Himme drobn de ganze Luft,
gar aus, wo ma zum Bacha Buachascheitl nimmt.

Und, hab i zu eahm gsagt, boi se da Wind
so draaht,
du kennst as gwiß, es geht ins Bluat,
wennsd gspürst, daß 's Mailüfterl so waaht,
na' nimmst an Schmaizla, der tuat guat!

Doch ich werde euch wiedersehen und euer Herz wird sich freuen und eure Freude wird niemand von euch nehmen.

(Joh. 16,22)

Sechstes Kapitel

Wer im Himme drobn is

Wuist wissn, wer im Himme is,
schlag nach im Neia Testament.
Da gibts a Predigt übers Paradies,
de wo a jeda vo da Schui her kennt.

„Selig“, hoaßts da, „san de Arma.
Eahna ghört des Gottesreich.
Selig san, de se dabarma.
Arm is besser ois wia reich.

Wehe, wer am Geldsack hängt.
Er hat scho herent sein Trost.
Wer bloß an sei Wampn denkt,
siehgt net, was da Himme kost’t.

Selig, wen da Hunga plagt.
Er werd bei de Sattn sei.
Und wer echte Trauer tragt,
der geht froh in Himme nei.

Wehe, wer sei Herz eispiert,
wer oan ’s Mai macht und wer lüagt,
wehe, wer bloß kommandiert,
und wer streit’t und d’Leit betrüagt.

Selig san, de neamads hassn,
de grad für de Schwachn lebn,
de se vo koam lobn lassn
eahnam Nächstn Zukunft gebn."

Wennst nachdenkst, werd da himme'angst.
Iatz kennst as erst, de grouße Gfahr.
Daß d' mit deim Lebn in Dreck neiglangst,
und daß dei Uhr foisch aufzogn war.

Du moanst, des bringt do koana zamm,
was da oiß von oam gfordert is.
Ja no, an Fürsprech muaßt scho ham,
der wo di neibegleit't ins Paradies.

Von oana werst ganz gwiß an Beistand kriagn.
De schaugt scho, daß d' koan Schadn nimmst.
Dei Muadda is 's, de werd di auffiziahgn,
wennsd Angst hast, daß d' vom Weg abkimmst.

Wennsd di drobn umschaugst, muaßt erfahrn,
daß d' vui Leit nimmer triffst, de wo so nett
und oiwei so sympathisch warn.
Daß de im Himme san, da hättst dein Kopf
verwett'.

Dagegn ganz ander singan drobn im Chor.
De hättst du nia für würdig ghoitn.
Bei dir hä'n de vorm Himmelstor
no' oiwei eahnan Buckl bhoitn.

An rechtn Schächer siehgst und an valorna Sohn,
an bravn Zöllner und an Lazarus.
A jeda kriagt nach seim Verdienst sein Lohn
und wer se d'Augn ausgwoant hat, lacht zum
Schluß.

D' Frau Gräfin siehgst, wias mit am Häuslwei'
am Gartntürl a gmüatlichs Ratschal macht.
Da Mesner lad't an Kardinal zum Essn ei.
Da Kerwezäuna, der is hoch geacht.

„Alloa is 's net amoi im Himme schee",
so sagt ma, wenn a Mo in Ehstand geht,
und moant, mia soit zu zwoat durchs Leben geh.
Doch drobn im Himme guit des Sprichal net.

Da werd net gheirat und net gschiedn.
Vorm Herrn san alle Auferwecktn gleich.
Ob gheirat oder ledig, oisamm sama z'friedn.
Und des macht di in Ewigkeit so reich.

Wer ei'gladn is, woaß Gott alloa.
Es is von Anfang o vorherbestimmt.
Drum braucht koa Vogal gschamig toa,
des hungrig zu seim Häusal kimmt.

Laßts de Kinda zu mir kemma!
Eahna ghört des Himmereich.
Deats eah net de Freid wegnehma.
Wenn a Kind lacht, werd ma reich!

Sehgts ös, wias de Kinda gfoit!
d' Zeit werd eah beim Spuin net lang.
Wer a Kind mag, werd nia oid.
Jung macht oan a Kindagsang!

Lustig is 's im Himme!
Auszähln, eischaugn, renna.
Sad's vosteckt, na' kimme.
Ogschlagn bist, da gibts koa Flenna.

Oans, zwoa, drei und du bist frei.
Fangamandl hoaßt des Gspui.
Jeda mecht da Flinka sei
und nix wissn vo da Schui!

Ganze Strahkörb Hoiberl brocka.
Auf de höchstn Wipfen hutschn.
Grüawig auf de Woikn hocka
und a Eis am Steckal lutschn.

Wasser britschln, lustig lacha.
Schussern, wappeln und an Roaf treibn.
Mit de Engl Sturzflüg macha.
Und gar bis um Zehne aufbleibn.

Wenn 's Gebet läut't, nah gehts hoamzua.
Nei ins Schaffe mit de Füaß!
Hunga hamma wieda grad gnua!
Und an Kaffee mögn ma süaß.

Zweiter Zwischengesang

Am Kerschbaam im Gartn
is d' Loatern ogloant.
Des Jahr tragt da Baam, was a ko.

Was mechstn no wartn?
Hast du ebba gmoant,
de Arndt gaang im Winter erst o?

Nix kimmt von alloanig.
Mia muaß se scho plagn.
Es gibt nix im Lebn umasunst.

Da Weg is gar stoanig.
Wennsd sparst, wern d' Leit fragn,
warum daß da gar nix vogunnst.

Da Mensch waar net zwider,
bloß d' Leit de han schlecht,
so pfeifans de Spatzn vom Dach.

Ob houch oder nieder.
Neamd braucht, was a mecht.
Drum frag di, was kimmt'n danach.

Steig auffi zum Gipfe,
zum obersten Ast!
Und kimmt da Herr Jesus vorbei,

nah sagt a, „Zachäus,
i bi heit dei Gast,
du derfst iatz mei Hausvadda sei!

I mag di, i trag di,
denn du bist mei Mo.
Mit mir, da geht neamads in d' Irr.

Du fragst mi und magst mi.
Du kost ma guat o.
An Himme, den findst bloß mit mir."

Sind wir erst im Himmel,
wird uns Gottes Atem
nähren.

Jean-Marie Vianney,
genannt der Pfarrer von Ars

Siebtes Kapitel

Wia ma im boarischn Himme so lebt

Da Bayer, sagt ma, hat in seim Verstand
des Irdische und Himmlische ganz nah beinand.
Wia Kircha und a Wirtshaus zamma ghern,
so muaß ma 's Heilige und Weltliche mitnand
verehrn.

Im Himmereich da ko's net anders sei.
Zwar gibts koa Kindstauf, Houzat und koa Leich,
doch ander Festlichkeitn gibts tagaus, tagei,
denn drobn, da hoiṭns no' de oidn Bräuch.

Da werd schee gfeiert an de Namenstag.
De ganz' Vowandtschaft kimmt und feiert mit.
A jeder ißt und trinkt, so vui a mag.
Ja, was net ausgeht, is da Appetit.

Des ko ma am Josefitag studiern.
Da ham de Sepperl, Pepperl, Josefinen
eahna Freid.
Zerst is a Hochamt und na' toans
vorbeimarschiern
mit Fahnan, Fahnal, Blechmusik vor da
Dreieinigkeit.

Des is a Festzug und a Fröhlichkeit!
Mia glaabts ja net, daß's sovui heil'ge Seppal gibt
und net bloß Manna sands, no' mehra
Weiwaleit.
Da heil'ge Josef is hoit bei de Leit beliebt.

Koa gstandna Bayer daat im Himme bleibn,
boi d' Speiskartn französisch waar.
Mit Schneckn daats' dn schnell votreibn.
Da bleibat eahm da Teller liawa laar.

De roggan Nudl, Küachen und da Tauch,
de schweinern Braatl, Knedl mit Salat,
de passn besser nei in unsan Bauch.
Da woaß ma hoit, was ma so hat.

Dazua a Flaschl Bier, a Glasal Wei'.
Du hockst kommod unterm Kastanebaam,
lad'st deine Freindal zum Tarockn ei.
Guat eigschenkt is, du glaabst as kaam.

Im Auswärts gfreist di scho aufs Märznbier.
A Krüagl vom Salvator schad't da net.
Da Augustinerbock is wiar a Elixier.
Da Franziskaner gibt da d'Schwaarn für's
Himmebett.

Vom Maibock mechst natürle ah a Maß,
boi's di vom Maibaamaufstelln mentisch
dürst.
Da gibts nix bessers wiar a Bier vom Faß.
Dazua a resche Brezn und a Kranzl Würst.

Du kriagst net grad an Zipfe vo da Wurst.
Drum werd ah net zum Essen grennt.
Es gibt da ent scho ah an Hunga und an Durst,
bloß tuat a hoit net weh, so wia herent!

Vom Kirta kaant i eich glei stundnlang vozejhn.
De Gansal san so resch und zart.
De Blechmusik tuat scheene Landla spejhn.
Und an de roggan Schuggsn werd net gspart.

A Höhepunkt im Himme is 's Oktoberfest.
Da Petrus selber kümmert si um d'Wiesn und
um d'Leit.
Und überoi, wosd gehst und stehst,
triffst auf de boarische Gemüatlichkeit.

Herzlich
Willkommen

Da siehgst as erst, daß d' iatz im Himme bist,
so schee wia da wars drunt in Minka nia.
Da is a Grücherl, des d' dei Lebtag net vogißt.
Und was für Bräuroß gehngan in am goidan
Gschirr!

A Truwe is des bei de Karussell!
De Kinda juchazn, weils eah so gfoit.
Und auf da Achterboh san d'Schutzengl zur Stell
und passen auf, daß koana vo de Fratzn außafoit.

„Auf gehts beim Schichtl! Leit kemmts rei!"
De Fischer Vroni brat't de feinstn Steckerlfisch.
A Würstlbrater lad't de Leit zum Sitzn ei.
Danebn, da gibts an Emmentaler größer wiar a
Tisch.

Weißblaue Fahnan, Zelte, Buden, Guatlstandd,
a warma Hirgst dazua, daß's ja koan friert.
Mecht wiss'n, wer da zuaschaugn kaant,
boi alle feiern und boi neamd kassiert.

Doch iatzad muaß i eich no' ebbas sagn,
damit koa foische Meinigung entsteht.
Wer bloß ans Essen denkt und an sein Magn,
der spannt net, daß a arschling geht.

Wer moant, da Himme waar a Hofbräuhaus,
in dem grad d' Weißwürst wichtig han und 's Bier,
wer se dort auslebn wui in Saus und Braus,
der hat fürn Himme net des rechte Gspür.

Wenn in da Biwe was vom Festmahl steht,
wui uns des Gleichnis grad des Oane sagn,
daß 's uns im Himme ganz guat geht.
Und d' Liab, de geht hoit durch'n Magn.

Wem aber mei Diskurs zu irdisch is,
wer moant, i daat an Hosnknopf ins Kerwe werfa,
dem ghoaß i, 's größte Glück vom Paradies,
des is, ganz nah beim Herrgood wohna derfa!

„. – denn nichts Irdisches reicht bis an
Gottes Mantelsaum"

Willibald Kammermeier
(„Fülle des Christseins")

Achtes Kapitel

Vo de himmlischn Festivitätn

Da kloane Maxl hat an Pfarra gfragt,
ob ma im Himme ah in Kirch' geh muaß.
„Wia stehts mi'n Beichtn?" hat a recht schlau gsagt,
„Was gibt da drobn da Pfarra auf ois Buaß?"

O mei, du kloana Tropf, bei dir feihts himmeweit!
Im Himme werd oan nix mehr gschafft.
Da macht a jeda mit, weils 'n hoit gfreit.
Und koana druckt se rum und gafft.

Koans steht ganz hint im Glockenhaus.
A jeds geht vüre in de erste Benk,
daß eahm nix auskimmt vo dem Augnschmaus.
Zon Sehgn gibts gnua, des garantier i enk.

Stellts enk do vür, boi Christnacht is.
Da Stoi vo Bethlehem und 's echte Kindl in da Wiagn!
Des heilig Paar kniat da, ganz ohne Kümmernis.
Rundumadum siehgst lauter Engal fliagn.

De heilign drei Kini aus'm Morgenland,
– da Stern vo Bethlehem hats zuraghoit –
sie bringan dem kloan Buam ois Unterpfand
Weihrauch und Myrrhe und a Sackl Goid.

Iatz wia da Hirtabua sei Lampal bringt,
da werds im Stoi drinn mäusalstaad,
weil d'Muadda Gottes selba singt,
wia wenn a suibas Glöckal läutn daat:

„Hoch preiset meine Seel' den Herrn!
Denn Großes hat der Herr an mir getan.
Mein Geist frohlockt ois wiar a Morgenstern.
Sein Name sei gelobt von Anfang an!"

Und da drauf bricht a Jubel aus, a Fröhlichkeit.
De Engl und de Hirtn auf'm Feld
de singan 's Gloria für de Dreifaltigkeit.
Und wia da Tau foit da Gerechte auf de Welt.

Im Auswärts, wann da Imp ausfliagt,
a Ahnung vo da Sonna hat'n auferweckt,
wann's Palmmutscherl a samtas Pelzal kriagt,
und 's Veichal 's Kepferl aus'm Gras rausstreckt,

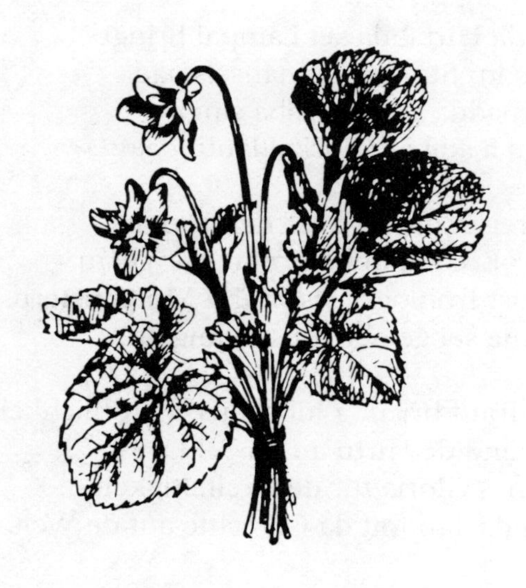

na' geht de heilig Karwoch o.
Aus alle Knospn spitzt des neie Lebn.
A Morgenrot brennt liachtaloh.
Da Heiland hoidd sein Einzug in Jerusalem.

Dann wern de Himmelsglockn staad.
Da Herr am Ölberg in da Passion!
Da brauchst net überlegn, ob des a andra daat.
Es werd vui gwoant bei da Karfreitagsprozession.

O salus mundi! Heil der Welt!
Da Heiland lebt! Sei Grab is laar.
Da Sämann hat sein Acker bstellt.
Sei Sonna macht de Kerndl schwaar.

A Jahr vogeht oan wia im Flug.
Im Mai marschiern dann groß und kloa
gemeinsam in am Wallfahrtszug
zur Königin vo Himmlisch-Birknstoa.

Oi Sunnta is was anders los.
Da Weiße Sunnta, vo de Kinder hart derwart't.
Auf Pfingstn feierns ah ganz groß.
Und scho kimmt Christi Himmelfahrt.

Am allerscheenan is da Prangertag.
Da sans in aller Herrgottsfrüah scho auf de Füaß.
Grad wurln tuats wiar im Himbeerschlag
und hinum, herum fliagn de Grüaß.

Wiar a Kircha glanzt da Himme.
Mei, is des a Bleamepracht!
Lobet Gott mit lauter Stimme,
wenn da erste Böller kracht.

Stellts enk auf zur Prozession
wias am bravn Christn frommt.
Gott zur Ehr und seinem Sohn.
„Hochgelobt sei, der da kommt.“

Voraus geht de Buzlwar,
Bleamekranzl in de Haar.
Rosn, Weihrauch, Fliedablüah!
So an Duft vogißt ma nia.

Nach de Kinda kemman d'Schützn,
Trachtla und da Turnverein.
D'Manna dan am liawan sitzn.
D'Weiwa druckt da Heilignschein.

Langsam blasn d'Musikantn
und a jeds bleibt schee im Schritt.
Brav san alle Ministrantn.
Buam tragn hohe Fahnan mit.

Patres dean an Hymnus singa.
G'läut't werd beim Sanctissimum.
Tausad Glöckal hert ma klinga.
Lauda Sion, Dominum.

„Seht den Herrn, dahingegeben
für die Welt im Kreuzestod.
Aus den Wunden strömt sein Leben
und kein Untergang mehr droht."

Im Sommer gibts a Festlichkeit,
de woaß a jeda, wenn i frag,
garaus de Frauan ham a Freid,
mi'n Muadda-Gottes-Auffahrtstag.

Es war a Tag, so glocknhell wia heit.
Am Ackerroa ham tausad Kräutal blüaht
und alle Vögl in de Nesta ham se gfreit.
Da hat da Herr sei Muadda hoamzuagführt.

Da ganze Himme war oa Glockenklang.
De Sunn' hat glanzt ois wiar a Lichtameer.
Vom Aufgang bis zum Niedergang
a oanzigs Gloria, da Heilign zur Ehr.

De Kornmandl ham se auf d'Zechan gstellt,
daß eah nix auskimmt vo da Pracht.
A Friedn und a Freid warn auf da Welt,
wia wenn am Feierabend a kloans Kindl lacht.

Für jeden gibts im Himme oan, der auf eahm wart,
denn unsa Herrgood hat uns gsuacht vo Anfang o.
Und unsa liawe Frau hat seit da Himmefahrt
für d' Evaskinda lauta Wunda do.

Dann werden die Gerechten wie die Sonne leuchten im Reiche ihres Vaters

(Matth. 13,43)

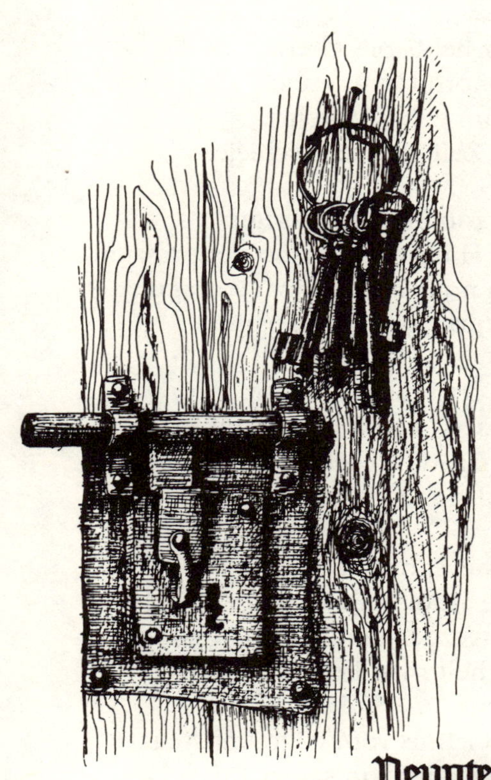

Neuntes Kapitel

Wia ma an boarischn Himme aufſpiern ko

So, liawe Leit, iatz habts oiß ghert.
Mehr woaß i net vom Himmereich.
Vialleicht war diam ebbas vokehrt.
Drum werds glei Zeit, daß i mi schleich.

Do' oans muaß i zon Schluß no sagn:
Wer moant, mi'n Himme waars no net pressant,
er kaant im Lebn no oiß recht guat votragn,
der hat net aufgmirkt und nix gspannt.

A Unterschied is do' scho zu herent.
Im Himme drobn, da ko oan neamd was toa.
Da gibts koan Kriag, da werd koa Haus okendt.
Es hat koans Zeitlang, da is neamd alloa.

Wer wissn wui, was eahm no fejht,
wiar a an Himme amoi aufspiern ko,
der nimmt sei Biwe, da stehts drinn, was zejht.
Drum fangts no' heit mi'n Lesn o.

Und lest's des Gleichnis vom vograbna Schatz,
vom reichn Prasser und von seiner Buaß.
Vom bravn Zöllner, der ganz hint am letzn Platz
Vergebung kriagt und net ins Feuer nei muaß.

Da Mensch lebt net vom Brot alloa.
Gebet und Fastn ghern dazua.
A Almosn in Huat nei toa,
des is, scheint mir, no lang net gnua.

Oan sichern Weg in Himme wüßt i gleich:
Es hoaßt, der Mensch, der am Andreastag
verstirbt,
der kimmt „vom Mund auf" in des Himmereich,
weil eahm da heil'ge Anderl an schön' Platz
erwirbt.

Iatz hab i alles mögliche mit enk probiert.
Fragts enkan Pfarra, wenns mehr wissn mechts.
Der hat ja schließlich auf des oiß studiert
und der wünscht enk ganz gwiß nix Schlechts.

Gott wird jede Träne von ihrem Auge trocknen, und der Tod wird nicht mehr sein, noch Leid und Trauer und Schmerz; denn das Frühere ist vorbei.

(Apk. 21,4 f)

Schlußgesang

Wann's mi naustragts aus'n Haus,
laßts fei mein Kanari aus!
Er ko hifliagn, wo a mag,
mei, wia kurz warn alle Tag!

Sagts de Bleamen draußd im Gartn:
I bi furt, es braucht neamd wartn.
Kimmt a Briaf, schreibts auf'n Bogn:
„Er is unbekannt verzogn!"

Sagts dem Liachtl in da Nacht:
's ewig Liacht is iatz aufgmacht!
Schüttelts d'Baam, daß d' Lawan foin.
Sagts eah Dankschö, mia hams gfoin.

Deats net trenzn, deats ne woana!
Drentahoi da Bruck steht oana,
der mi hoamweist üwan Bach.
Pfüat enk Good und kemmts boid nach!

Das Paradies war in Bayern

Eine nicht ernst zu nehmende Untersuchung von Walter Pöschl

Es spricht einiges dafür, daß das Paradies nicht irgendwo im Orient oder in Afrika gewesen ist, sondern in Bayern. Ich hätte diese Behauptung nicht aufgestellt, wenn ich nicht handfeste Beweise dafür vorlegen könnte. Da fällt zunächst einmal auf, daß die Schilderung des Paradieses in der Bibel genau mit den Beschreibungen übereinstimmt, die namhafte Geschichtsschreiber über Bayern angefertigt haben.

Beginnen wir mit Arbeo, dem Vater der bayerischen Geschichtsschreibung, der von 765 bis 783 Bischof von Freising war. Seine kraftvolle Schilderung Bayerns in der Übersetzung von Benno Hubensteiner erinnert an die Verse Homers: „Herrlichstes Land, erstrahlend in Anmut, überreich an Wäldern, fruchtbar an Wein, ergiebig an Eisen, an Gold und Silber und Purpur; die Männer hochgewachsen und strotzend in Kraft, aber gutmütig und handsam; das Erdreich gesegnet mit Garben, Zugvieh und Herden, soviel, daß sie fast den Boden bedecken; Bienen und Honig in Mengen; in den Seen und Flüssen ein Gewimmel von Fischen, das Land bewässert durch Quellen und Bäche; die Wälder

prachtvoll besetzt mit Hirschen und Elchen und Auerochsen, mit Gemsen und Steinböcken und mit Wildzeug jeglicher Art."
Im Jahre 1526, also ungefähr 750 Jahre später, hat der berühmte bayerische Geschichtsschreiber Johannes Turmair (4. Juli 1477–9. Januar 1534), der sich nach der Gewohnheit der Humanisten Aventinus nannte, weil er aus Abensberg stammte, in seinen baierischen Chroniken über das „Baierland" geschrieben: „Das ganze Land im allgemeinen ist sehr fruchtbar, reich an Salz, Getreide, Vieh, Fischen, Holz, Jagd, Wildbret, kurz alles, was zu der Schnabelweide gehört, ist allda übrigs genug. Und, wie die gemeine Rede geht, nirgends lebt und liegt man besser."
Über die Einwohner dieses Paradieses weiß er zu berichten: „Das baierische Volk ist kirchlich, schlecht und recht, geht und läuft gerne wallfahrten, hat auch viele kirchliche Aufzüge; legt sich mehr auf den Ackerbau und die Viehzucht, als auf den Krieg, dem es nit sehr nachläuft; bleibt gerne daheim und zieht nicht viel zu Feld in fremde Länder; trinkt sehr, macht viel Kinder. Der gemeine Mann, der auf dem Lande sitzt, gibt sich mit Ackerbau und Viehzucht ab, tut sonst, was er will, sitzt Tag und Nacht bei dem Wein, schreit, singt, tanzt kartet, spielt, mag Wehr tragen, Schweinsspieß und lange Messer." Die Schilderung bezieht sich, so hat der Historiker Benno Hubensteiner herausgefun-

den, auf Niederbayern, genauer gesagt, auf das Land zwischen dem Dürnbucher und dem Hienheimer Forst.
Obwohl der Bayer vom Dokumentarischen nicht viel hält, er ist mehr für das Herz und Gemüt, muß ich den Leser noch mit einem weiteren Zitat aus dem Jahr 1701 plagen, das aus dem Buch des Weilheimer Pfarrers Christoph Selhamer „Tuba rustica" stammt:
„O wohl ein heiliges Land ist unser liebes Bayrland! Man schau, wohin man woll, wird man allenthalben schöne Fußstapfen finden der uralt katholischen Andacht! Alle Ort stecken voller Kirchen, Gotteshäuser, Klöster und Capellen, Bruder-Häuser und Spittäler. Darum es schier das Ansehen haben mag, als haben die lieben Heiligen ihren Himmel verlassen, so viele ihnen zu Ehren herrlich erbaute Gottshäuser in Bayern bezogen, allen und jeden presthafften Leuthen eilfertig von ihren Gebrechen zu helffen."
Wer diese bayerischen Historiker nicht gelten lassen will, dem kann ich den berühmtesten aller Geschichtsschreiber, den Römer Tacitus anbieten, der schon im Jahre 98 nach Christi Geburt in seinem Buch „De origine, situ, moribus ac populis Germanorum liber" das bayerische Paradies gepriesen hat. Ludwig Thoma kommt das Verdienst zu, dieses Buch auf seine Weise bekannt gemacht zu haben durch seine Erzählung „Agricola". Dort heißt es:

„Die Ebene Germaniens vom Donaustrome bis zu den Alpen bewohnen die Bajuwaren. Sie haben viel Getreide und Vieh. Das Geld haben sie schätzen gelernt. Tag und Nacht durchzuzechen, gilt keinem als Schande. Versöhnung von Feinden, Abschluß von Eheverbindungen, der beliebte Tauschhandel mit Vieh und sogar die Wahl der Häuptlinge wird meist beim Becher beraten. Selten spricht einer allein, häufig alle zusammen."
Daß auch die bayerischen Mädchen vom Paradies nicht ausgeschlossen waren, erwähnt der in Mallersdorf gebürtige Topograph und Reiseschriftsteller Johann Pezzl, in seiner „Reise durch den Baierischen Kreis" um 1800: „Die bayerischen Mädchen", schreibt er sachkundig, „sind meist kurze Dingerchen, mit rothen Backen, die von Gesundheit und Munterkeit strotzen, und sich wie im Paradies befinden, wenn sie Sonntags ihren Schatz Vormittags nach der Kirche, und Nachmittags auf den Tanzboden begleiten können. Glückliche Mädchen, die von den galanten Krankheiten der Städter nichts wissen, und sich ohne Grauen den Trieben der Liebe überlassen können". Soweit Johann Pezzl, ein ausgesprungener Oberaltaicher Benediktiner.
Über den Ausspruch des „Alten Fritz": „Bayern ist ein irdisches Paradies, bewohnt von Tieren" wollen wir den Mantel der Nächstenliebe breiten. Vielleicht hat er die „Heiligen Wundersprüch" des Archangelus a Sancto Georgio gelesen, die 1719 in

Augsburg gedruckt worden sind und in denen über die Frauen geschrieben steht: „Es ist nemblich ein Weib ein fressendes Pfand, ein kostbares Thier, daß in ihrer Erhaltung gar vil bedarff."

Damit mag es mit den Paradiesbeschreibungen sein Bewenden haben.

Daß die Bayern von Moses ins gelobte Land geführt worden sind, kann man in der weitverbreiteten „Bayerischen Weltgschicht" von Michl Ehbauer auf Seite 178 nachlesen. Für diejenigen, die das Buch gerade nicht finden, seien die markantesten Sätze des Moses hier wiederholt:

> „I führ euch auße aus der Wüsten
> und hi' an d' Isar, da werds spechten.
> Dees Land, wo alle Leut hi' möchten,
> hoaßt Baiern, habts mi iatz verstanden?
> Da kann a anders Land net landen,
> drum hat mas Kanaan getauft,
> da wo mas beste Starkbier sauft."

Ein weiterer Beweis dafür, daß in Bayern das Paradies war, ist die Anziehungskraft, die das Land seit jeher auf seine Bewohner, auf die Leute nördlich der Weißwurstgrenze und auf fremde Völker ausgeübt hat und noch heute ausübt.

Es ist schon gesagt worden, daß sich die Bayern gern daheim aufhalten. Wer will auch freiwillig das Paradies verlassen? So ist wahrscheinlich der lateinische Spruch zu verstehen, der über dem Portal des Jagdschlößls von Esting an der Ammer zu lesen war: „Extra Bavariam nulla vita. Et si est vita, non est ita." Ins Bayerische übersetzt, heißt dies: „Draußerhalb vo Bayern gibts koa Lebn net und bois do oans gebn dadat, o mei, was waar des für a Lebn!" An diesem Hängen der Bayern an ihrer Heimat hat sich bis heute nichts geändert. Erst kürzlich ergab die Umfrage eines bekannten Meinungsforschungsinstituts, daß nur bayerische Missionare und von der Liebe Verwundete freiwillig nach Norddeutschland ziehen, während jeder Zweite aus dem Norden seinen Urlaub, möglichst aber seinen Lebensabend, bei uns verbringen will. In den letzten 15 Jahren sind in Bayern mehr als 500 000 „Zuagroaste" registriert worden, bei denen der Zugvogeleffekt (= Drang nach Süden im Herbst mit Rückkehr nach Norden im Frühjahr) nicht eingetreten ist. Das ist schon immer so gewesen. Schon 1782 hat der bayerische Geschichtsschreiber Lorenz Westenrieder über Bayern geschrieben: „Das Blut der Altbayern wird nie versiegen; es ist hier gut seyn, und wer nur eine kleine Zeit zugegen ist, will hier seine Wohnung sich bauen." Ein Aufenthalt von zwei Tagen in München im Juli 1828 genügte dem Schwaben Eduard Mörike zu dem Seufzer: „In München möcht ich halt leben!" Henrik Ibsen hat das Geheimnis dieser Anziehungskraft 1867 in einem Brief an Frederik Hegel preisgegeben: „München ist ein sehr angenehmer Ort. Für uns Nordländer ist die Luft hier, glaube ich, außerordentlich gesund und stärkend; die Nähe der Alpen wirkt erfrischend." Wie schnell sich das herumgesprochen hat!

Da der Bayer „dem Krieg nicht sehr nachläuft", hatten es die bayerischen Föderalisten schon immer schwer, sich gegen die Zentralisten im Reich zu behaupten. Die bayerische Geschichte weiß anschaulich zu berichten, wie der zum Mythos hochstilisierte Kaiser Karl mit dem Bayernherzog Tassilo und seiner Familie umgesprungen ist. Der Gewinn Sachsens und Bayerns durch Karl den Großen war die Voraussetzung dafür, schreibt Karl Alexander von Müller in dem Bändchen „Das Bayerische Problem in der deutschen Geschichte", daß die spätere deutsche Geschichte überhaupt möglich wurde. Ohne Eingliederung Bayerns durch die Kaiser Heinrich I. (876–936) und Otto I. den Großen (912–973) wäre die ganze mittelalterliche Kaiserpolitik nicht möglich gewesen. Kein Wunder, daß sich der Regensburger Chronist Arnoldus von St. Emmeram zu der Majestätsbeleidigung hinreißen ließ, der Kaiser Otto der Große, der seinen Bruder Heinrich den Zänker zum Herzog von Bayern eingesetzt hatte, sei zwar freundlich beim Weine gewesen, aber er habe halt preußisch geredet, „ore iucundo saxonizans".

In der „Vita Mathildis Reginae antiquior" schimpfte der Chronist des Regensburger Klosters St. Emmeram über den niedersächsischen König Heinrich I. (918–936), der in Bayern einmarschiert war, um das Eigenleben dieses Staates zu zerschlagen: „Da fiel nun also dieser sächsische Heinerich feindlich über das Königreich Bayern her, wo man keinen seiner Vorfahren gesehen hat, der auch nur einen Fußbreit bayerischen Bodens besessen hatte!"

Ohne Bayern, sagte Bismarck vor 1870, bleibt das Deutsche Reich ein Rumpf. Es spricht für die Gerissenheit des Kanzlers, daß er dieses Bayern einheimste und obendrein eine Kriegsentschädigung von 30 Millionen kassierte, für einen Krieg, der nicht einmal einen Monat gedauert hat, und den er selbst eingefädelt hat.

Daß das reiche, blühende Land zwischen den Alpen und der Donau im Laufe seiner Geschichte auch häufig vom Ausland her bedroht wurde, ist nicht verwunderlich. Die vorläufig letzten Eroberer waren 1945 die Amerikaner, und es ist noch gut in Erinnerung, welche Mühe es gekostet hat, sie wenigstens vom Königssee nach Garmisch-Partenkirchen abzudrängen.

Wenn nun aber der Nachweis erbracht ist, daß das Paradies in Bayern gewesen ist, muß mit der Dolchstoßlegende aufgeräumt werden, daß die Eva es war, die den Adam mit einem Apfel verführt hat. Das wäre bei einem bayerischen Adam niemals möglich gewesen. „Dieses Volk achtet den Rat der Weiber nicht und glaubt nicht an deren göttliches

Wesen. Ihren Aussprüchen horchen sie nur ungern", übersetzt Thoma im „Agricola" die Aussagen des Tacitus. Was ein gestandenes bayerisches Mannsbild ist und kein Lattierl, d. i. ein Nachkomme jenes fußkranken Latinulus, den die römischen Soldaten bei ihrer überstürzten Flucht aus Bayern zurückgelassen haben, der läßt sich von seinem Weibe keine Ratschläge geben, sondern tut genau das Gegenteil von dem, was sie sagt. Der bayerische Adam kann sich dabei auf den bayerischen Landrechtskommentar des Wigiläus Aloysius Xaverius Freiherr von Kreitmayr, ebenfalls ein Abensberger, berufen. Kreitmayr war 32 Jahre lang bayerischer Staatskanzler und schrieb 1756: „Insonderheit wird der Ehe-Mann für das Haupt der Familie geachtet, dahero ihm seine Ehegattin nicht nur in Domesticis subordiniert und untergeben, sondern auch zu gewöhnlich und anständigen Personal- und Hausdiensten verbunden ist, wozu sie von ihrem Mann der Gebühr nach angehalten, und benöthigten Falls mit Mäßigung gezüchtigt werden mag."
Nachdem nun so gut wie sicher ist, daß der Sündenfall im Paradies auf das Konto des Adam geht, ist noch die Frage zu untersuchen, wann die Vertreibung aus dem Paradies stattgefunden hat. Die Gelehrten sind sich darin noch uneinig. Der Hirnbatzl Pepperl hat gemeint, es muß 1802 gewesen sein, als in Bayern die allgemeine Schulpflicht für die Volksschule eingeführt wurde. Die Vertreibung könnte

aber auch schon am 4. Oktober 1780 gewesen sein, als der zugereiste Pfälzer Kurfürst Karl Theodor, der Ungeliebte, mit einem Federstrich den Rokokostil in den Kirchen abgeschafft hat. Eine „edle Simplizität" sollte nach dem Kulturprogramm seiner Aufklärer in den Gotteshäusern einziehen, aber sie entpuppte sich bald als Null-Lösung.
War die Vertreibung vielleicht 1803, als die Hagelstürme der Aufklärung und Säkularisation über die bayerischen Klöster hinwegfegten und in einer Kulturrevolution sondergleichen von den zwei Millionen Büchern in den Klosterbibliotheken keine 400 000 übrig ließen?
War die Vertreibung erst am 21. Januar 1871, als Bayern mit der erzwungenen Annahme der Versailler Verträge seine Selbständigkeit verlor oder wurden die Tore des Paradieses an jenem unglückseligen 13. Juni 1886 geschlossen, als der Märchenkönig Ludwig II. den Tod im Starnbergersee fand?
Die Tatsache, daß der Anteil der Bayern an der bayerischen Bevölkerung immer noch beträchtlich ist, läßt darauf schließen, daß die Vertreibung der Bayern aus dem Paradies bis heute nicht durchgeführt worden ist. Ein Grund dafür könnte sein, daß die himmlische Bürokratie genau so bedächtig arbeitet wie die irdische. Denkbar ist aber auch eine andere Auslegung, nämlich die, daß der Herrgott in seinem Zorn keine Austreibung der Bayern, sondern quasi als Strafverschärfung eine Invasion von

Fremden nach Bayern angeordnet hat. Was gibt es Schlimmeres für einen Bayern, als wenn ihm sein Sach nicht mehr allein gehört? Wann der Strom der Zuzügler nicht mehr abgerissen ist, weiß niemand. Bleibt noch eine letzte Frage: Was ist von dem bayerischen Paradies für uns Heutige geblieben? Man sagt, die Blumen, das Lachen der Kinder und ab und zu ein Regenbogen, das Zeichen der Versöhnung mit Gott.

WORTERKLÄRUNGEN

Adam	der irdische Mensch
ah	auch
Amslmo	Amselmännchen
angeln	stechen
Anderl	der heilige Andreas
Arndt	Ernte
arschling	nach rückwärts
aufgscheicht	scheu gemacht
aufspiern	aufsperren
ausbroatn	ausbreiten
Auswärts	Winterende, Frühlingsanfang
awe	hinunter
Baam	Baum
Babbm	beleidigtes, mürrisches Gesicht, verdrießlich verzogener Mund
bacha	backen
bet't	gebetet
Bittgarschee	Bitt' gar schön
Biwe	Bibel
Blaskapejn	Blaskapelle
Boandlkrama	Tod
Boarisch Zier	Der Andechser Heiligenhimmel. Das Grafengeschlecht von Dießen-Andechs hat von 900–1200 eine ungewöhnlich große Zahl heiligmäßiger Männer und Frauen hervorgebracht. Johann Georg Bergmüller stellte in seinem Kuppelfresko in der Stiftskirche in Dießen am Ammersee 28 Männer und Frauen von ihnen dar, u. a. die hl. Hedwig, die hl. Elisabeth, den hl. Rasso.
boi, bal	wenn

bois	wenn es
boisd	wenn du
Braatl	gebratenes Fleisch
Bräuroß	Pferde, die den Bierwagen ziehen
Bründl, Brünnl	Brunnen
Buachascheitl	Buchenscheit
bucklad	buckelig
Buzal	kleines Kind
Buzlwar	kleine Kinder
daasig	kleinlaut
daatn	täten
dafrian	erfrieren
daloawed	erschöpft sein
dalogn	erlogen
darrat	es donnert
darrn	donnern
dengast	dennoch
Derfal	kleines Dorf
diam	manchmal
draaht	dreht
drentn	drüben
drentahoi	drüben
dringa	trinken
ebbs, ebbas	etwas
eispiern	einsperren
enk, eich	euch
enta-drenta	diesseits-jenseits
entn-drentn	drüben
Fangamandl spuin	fangen spielen
feihts	es fehlt
fiacht	fürchtet
flenna	weinen
Fletz	Hausgang
Frauabründl	Wallfahrtskirchlein
Frauenzimmer	Frauensperson

fredi	überhaupt, gar, ohne Zaudern, ohne weiteres, vollends
gach	jäh
Gejd	Geld
ghoaß i	verheiße ich, verspreche ich
ghoiffa	geholfen
Gickal	Gockel, Hahn
Gipfe	Gipfel
goidne	goldene
Goscherl	Mund
Gred	(gepflasterter) Vorplatz vor dem Haus
groußmachti	besonders mächtig
Grücherl	Geruch
grusalgelb	gelb wie ein Gänschen (Grusel = das Gänschen)
gschamig	verschämt
gspürst	spürst du
gstoihn	gestohlen
Guatlstandd	Verkaufsbuden für Süßigkeiten
Gwoit	Gewalt
Häuslwei	Häuslerweib
Hemad	Hemd
Hej, auch Höi	Hölle
Hendd	Hand, Hände
Herrgood	Herrgott
herst	hörst du
Hirgst	Herbst
Hoaza	Heizer
Hoiberl	Schwarzbeeren, Blaubeeren
hoit	halt
Houzat	Hochzeit
iatz, iatzad	jetzt
Imp	Biene
Impngsumm	Bienengesumm
inna wern	inne werden, etwas erfahren, zu hören

	bekommen
Irmingard	Die selige Irmingard, † 16. 7. 866, Gründerin und Äbtissin des ersten bayerischen Nonnenklosters auf der Fraueninsel im Chiemsee (Urenkelin Karl d. Großen, Tochter Ludwigs des Deutschen und der Königin Hemma)
Juchaza	Freudenschrei
kaam', kamad	käme
kaam	kaum
kemman	kommen
Kepferl	Köpferl
Kerwezäuna	Korbflechter
Kindagspui	Kinderspiel, das Spielen von Kindern
Kirta	Kirchweihfest
Kletznbrüah	Brühe aus gedörrten Birnen (klar wia Kletzenbrüah = Redensart)
Kne'l	Knödel
Knicksal	Verbeugung
komod	gemütlich
Kornmandl	mehrere mit den Ähren nach oben zusammengestellte Getreidebündel
ko's	kann es
Kowe	Kobel = Hütte, Häuschen, Taubenhaus
Kurbal	der heilige Korbinian
lafft	läuft
laffad	laufend
Lawan	Laub
Lebta, seiner Lebtag	das Leben lang
Leich	Beerdigung
Leitl	Leute
Loatern	Leiter
Logie	Unterkunft

mechadst, mechst	möchtest du, Konjunktiv von mögen
’s Mai	das Maul, der Mund
’s Mai macha	jemand nach dem Mund reden
Meinigung	Meinung
mentisch	sehr, außerordentlich
mia	wir
Milli	Milch
Minka	München
Miststatt	Misthaufen
muaddaselnalloa	einsam und verlassen
Muadda	Mutter
Muada	Großmutter
müadd, müassad	müßte, Konjunktiv von müssen
von Mund auf	Redensart: sofort nach dem Tod in den Himmel kommen
na’, nachad	nachher
naahm, naahmad	nähme, Konjunktiv von nehmen
Nagerlstock	Nelkenstock
neamd, neamad, neamads	niemand
neile	neulich
nowe	nobel
oamoi	einmal
oi	alle
ois	als
oiß	alles
oisamm	alle zusammen
oissamm	alles zusammen
okendt	angezündet
oplärrt	anschreit
ös	ihr
Palmmutscherl	Palmkätzchen, Weidenkätzchen
Peterl	der heilige Petrus
pfeigrad	pfeilgerade
Pferch	eingezäunte Fläche für Schafe

Prangertag	Fronleichnamstag
Ratscherl	kleine Unterhaltung
ratschn	sich unterhalten
Reibn, Reim	Reibe, Kurve
Roaf treibn	Reifen treiben
roggan	aus Roggenmehl hergestellt
sad's	seid ihr
sehgt's	seht ihr
selm	selber
siehgst	siehst du
soicha, soichane	solche
soitn	sollten
spejn	spielen
suiba, suiwa	silber, silbern
Suibaklang	Silberklang
Sunnta	Sonntag
Schaffe (a = hell)	Holzschaff
schee (nasal)	schön
des Scheena	das Schönste
schiach, schierle	häßlich, abstoßend
Schimme	Schimmel
Schmaizla	bayerischer Schnupftabak
schmatzn	reden, sich unterhalten
schnej	schnell
Schnabe, Schnawe	Schnabel
schnoizt	schnalzen
Schwaarn	Schwere
Schweiwal	Schwalben
schuften	schwer arbeiten
Schuggsn	aus Roggenmehl hergestellte Küchl
Staffeln	Stufen
Standdal	Ständchen
stejht	stiehlt
Strahkorb	Spankorb

Strixn	Schläge
tarocken	Kartenspiel
Tauch	z. B. Zwetschgenkompott zum Eintauchen der Nudeln
tausad	tausend
teats	Aufforderung, etwas zu tun
Teixl-Fernsehen	Teufels Fernsehen
Trachtler	Tracht tragende Menschen
trenzn	lautlos weinen
Truwe	Trubel
üwa	über
Vadda	Vater
Voda	Großvater
voier	voller
vorgmirkt	vorgemerkt
vozejhn	erzählen
vür	vor
waahn	wehen
Wampn	Bauch
Wappeln, owappln	Ein Kinderspiel mit Pfennigen, die in der hohlen Hand geschüttelt und in die Luft oder an eine Wand geworfen werden. Der Gewinn oder Verlust wird dadurch bestimmt, daß vorher angesagt wird, ob Wappen oder Zahl nach oben liegen sollen.
Wehdam	körperlicher Schmerz
Wei'	Wein
weisen	hinführen
Weißer Sunnta	Erster Sonntag nach Ostern, an dem früher die Kinder Erstkommunion hatten
Weiwal	Weibchen
Weiwerts	Frauensperson

wennsd	wenn du
wiar a	wie ein, wie er
wiar i	wie ich
wiasd	wie du
Wipfen	Wipfel
Woid	Wald
woin	wollen
wurad	würde
wurln	hin- und herlaufen
Wurzgartl	Gewürzgarten, Hausgarten
zamm	zusammen
zammgfoin	zusammengefallen
Zechan	Zehen
Zeitlang	Heimweh
Zipfe	Zipfel
Zither schlagen	Zither spielen
zon	zum
z'paat	zu spät
z'Huif	zu Hilfe
zuraghoit	herbeigeholt

Erster
Zwischengesang
Bayer. Weise
Satz: Ludwig Stangl
Vorspiel
Zither
Stimme
Z.
Wennst in Himme, sagt a, wuist kemma, sagt a, muaßt a Latern, sagt a,
mitnehma, sagt a, denn da Himme, sagt a, is gar hoch, sagt a,
steigt ma eina, sagt a, bei an Loch

2. Wennst in Himme, wuist kemma,
muaßt a Geld, ah mitnehma,
denn da Peterl, is gar fein,
gibst eahm nix, nah kimmst net nei.

3. Wennst in Himme, wuist kemma,
muaßt a Zeitung, ah mitnehma,
denn im Himme, ham ses gern,
wenn's was Neues, inna wern.

4. Wennst in Himme, wuist kemma,
muaßt a Sacktüache, mitnehma,
denn im Himme, is 's a Schand,
putzt da d' Nasn, mit da Hand.

5. Wennst in Himme, wuist kemma,
muaßt dir Handschuah, mitnehma,
denn im Himme, da is 's koid,
weil da Schnee, abafoit.

6. Wennst in Himme, wuist kemma,
muaßt a Hemad, mitnehma,
denn im Himme, in an Gwand,
fliagt koa Engerl, umanand.

7. Wennst in Himme, wuist kemma,
muaßt dir Krapfn, mitnehma,
denn im Himme, nauf is weit,
und koa Wirtshaus, weit und breit.

8. Wennst in Himme, wuist kemma,
muaßt d'Muadda Gottes, z' Huif nehma,
denn de Himmemuadda, de hejft gern,
daß mia Bayern, selig wern.

Anmerkungen zum Ersten Zwischengesang

Das Lied: „Wennst in Himme, sagt a, wuist kemma, sagt a" wird in dem Buch: „Allerhand Pfarrergschichten", (Morsak Verlag in Grafenau) dem niederbayerischen Pfarrer Anton Pieringer aus Nesselbach (1799–1879) zugeschrieben. Walter Schmidkunz hat in seiner Liedersammlung „Das leibhaftige Liederbuch" (Gebrüder Richters Verlagsanstalt Erfurt 1938) ein fast gleichlautendes Lied aufgenommen. Er merkt dazu an, daß das Lied zu den sogenannten „Sagt a-Schnadahüpfln" zähle, die besonders im Salzburgischen und in Bayern beliebt seien und daß es ein ähnliches Lied mit der gleichen ersten Strophe und zwei weiteren von dem Schneidermeister Bauer aus Ostermiething (Innviertel) gebe.

Zweiter Zwischengesang

Text: Walter Pöschl
Melodie und Satz:
Ludwig Stangl

2. Nix kimmt von alloanig.
Mia muaß se scho plagn.
Es gibt nix im Lebn umasunst.
Da Weg is gar stoanig.
Wennsd sparst, wern d' Leit fragn,
warum daß da gar nix vogunnst.

3. Da Mensch waar net zwider,
bloß d' Leit de han schlecht,
so pfeifans de Spatzn vom Dach.
Ob houch oder nieder.
Neamd braucht, was a mecht.
Drum frag di, was kimmt'n danach.

4. Steig auffi zum Gipfe,
zum obersten Ast!
Und kimmt da Herr Jesus vorbei,
nah sagt a, „Zachäus,
i bi heit dei Gast,
du derfst iatz mei Hausvadda sei!

5. I mag di, i trag di,
denn du bist mei Mo.
Mit mir, da geht neamads in d' Irr.
Du fragst mi und magst mi.
Du kost ma guat o.
An Himme, den findst bloß mit mir."

Schlußgesang
Text: Walter Pöschl
Melodie und Satz: Ludwig Stangl

2. Sagts de Bleamen draußd im Gartn:
   I bi furt, es braucht neamd wartn.
   Kimmt a Briaf, schreibts auf'n Bogn:
   „Er is unbekannt verzogn!"

3. Sagts dem Liachtl in da Nacht:
   's ewig Liacht is iatz aufgmacht!
   Schüttelts d'Baam, daß d' Lawan foin.
   Sagts eah Dankschö, mia hams gfoin.

4. Deats net trenzn, deats ne woana!
   Drentahoi da Bruck steht oana,
   der mi hoamweist üwan Bach.
   Pfüat enk Good und kemmts boid nach!

BIOGRAPHISCHE NOTIZEN

Walter Pöschl
Mörikeweg 14
8300 Landshut

Walter Pöschl, 1931 in Landshut geboren, verheiratet, 3 Kinder, Beamter.
Mundartliche Gedichte und Kalendergeschichten seit 1979.
Mitglied des Max-Dingler-Kreises – Landshuter Mundartfreunde seit 1986.
Veröffentlichungen im Bayerischen Rundfunk, im Straubinger Kalender und in verschiedenen Zeitungen. Mitautor des Buches des Max-Dingler-Kreises: „Unterm blauseidern Himmel".
Mundartliche Lesungen bei Veranstaltungen des Christlichen Bildungswerkes und des Max-Dingler-Kreises – Landshuter Mundartfreunde.
Der Autor zählt sich zur alten Garde der Mundartschreiber, die Reim und Rhythmus bei einem Gedicht noch als selbstverständlich ansehen. Er spricht mit dem trockenen Humor des Niederbayern und einem Quentchen Ironie aus, was das Herz des Menschen bewegt, und betrachtet die Welt noch idealistisch, wenn sie auch oft der Ort tief empfundener Wehmut ist.

Ehrenfried Scholz
Flurstraße 11
8300 Landshut

Geb. am 14. Mai 1939 in Anseith, Riesengebirge. Seit 1950 in Bayern und ab 1965 in Landshut wohnhaft. Erlernter Beruf: Dekorateur. Seit 1970 technischer Zeichner bei der Energieversorgung Ostbayern AG. Zu seinen Hobbys gehört das Zeichnen. Seine Illustrationen zeichnen sich aus durch großes Einfühlungsvermögen und durch die Symbolik.

Nachwort

Eine Preisfrage zum Problem Mundart – Schriftsprache! Von wem stammt der Satz: „Jede Sprache besitzt irgendeine ihr eigentümliche Färbung, und wenn wir uns zwingen wollen, ihre Natürlichkeit in einer anderen Sprache auszudrücken und dabei das Gesetz des Übersetzens streng inne zu halten, welches darin besteht, nicht über die Grenzen des Originals hinauszugehen, so werden unsere Worte kalt und gezwungen erscheinen"? Und warum? Weil es nicht und nie dieselben Empfindungen sind wie in der Ursprache.
Diese „Natürlichkeit" der Mundart ist die eigentliche Berechtigung der Dialektlyrik und sie zeichnet auch den Landshuter Walter Pöschl, Jahrgang 1931, aus. Sein Anliegen ist es, „mit Humor und einem Quentchen Ironie das auszusprechen, was das Herz des Menschen bewegt." Darum sagt er dies in der bilderreichen, kräftigen Sprache des Volkes, warm und ungezwungen, vom Herzen kommend; denn auch nur das geht wieder zum Herzen. Pöschl zählt sich zu den Mundartschreibern, welche die Welt noch „idealistisch" betrachten, der Idee und dem Ideal annähern, die Patina vergangener Zeit lieben und Reim und Rhythmus bei einem Gedicht noch als Selbstverständlichkeit ansehen; denn „zeitgemäße Dichtung", um dieses Schlagwort zu

gebrauchen, erkennt man am Inhalt, der das Herz bewegt und so dem Autor die Möglichkeit bietet, „die ihm für das von ihm gewählte Thema genehme Form auszusuchen" und „sich mit sich selbst, seiner Zeit, mit seinem menschlichen, gesellschaftlichen, kulturellen und politischen Umfeld auseinanderzusetzen" (wie Olga Hartmetz-Sager und Maximilian Seefelder in Hinterskirchen forderten).
In diesem „bairischen Psalter" „Im boarischen Himme" in unserer „Bschoad-Bücherei" unternimmt Pöschl, nach seinem eigenen Wort „den frivolen Versuch, die Maßstäbe dieser Welt auf den Himmel zu übertragen", aber nicht um die religiösen Werte zu belächeln; denn der Autor ist in seinem Glauben überzeugt, „daß der Schöpfergott, der Gott der Lebenden, den Menschen in der Stunde des Todes neu erschafft". Darum malt Pöschl sich und uns den Himmel so menschlich-allzumenschlich, in urbayerischer „Natürlichkeit", in der „eigentümlichen Färbung", „le naif", wie es Du Bellay (1522–1560), der bedeutendste Vertreter der Plejade – in unserer „Preisfrage" – als Verfechter der natürlichen Sprache forderte.
Heißt es nicht auch in der Bibel: „Wer von der Erde stammt, der spricht auch vom Standpunkt der Erde aus" (Joh. 3,31)? So redet der Bayerndichter „mit Menschenzunge" von der himmlischen Glückseligkeit, wo der „Bayernhimme" ist, wie er ausschaut, natürlich auch, was es darin zum Essen und Trinken gibt, aber auch „wia ma in boarischn Himme

neifindt“ und „wia ma an boarischn Himme aufspiern ko“. Sehr geschickt findet Pöschl, echt menschlich, am Beginn den Eingang mit der Vorstellung „wann d’Muadda selig bei da Tür in d’Stubn kaam“. Sie „daat uns voller Freud vozejhn, wia schee daß ’s is, bei ihr da drent“. Oder sein so menschlicher Vergleich:

„Herst wo an wundersama Gsang,
siehgst in da Nacht an hella Schei,
gspürst d’Liab in dir, wia Suibaklang,
na’ moanst, so müadds im Himme sei . . .“

In der Tat, „da Bayer hat in seim Verstand des Irdische und Himmlische ganz nah beinand“. In seinem Himmel wird „Oidboarisch g’redt. So is ’s da Brauch seit Ewigkeit“; denn sonst könnten wir uns im Himmel nicht richtig verständigen. Und „weil’s nix Scheeners auf da Welt gibt“, muß es auch das Oidboarisch droben geben.

Voller echter Poesie ist der Schlußgesang: „Wann’s mi naustragts aus ’n Haus, laßts fei mein Kanari aus!“

Nach diesem bairischen Psalter bietet uns Walter Pöschl noch eine „nicht ernst zu nehmende“, aber witzige Untersuchung in Schriftdeutsch „Das Paradies war in Bayern“. Sie beschließt den humorvollen, ironischen Band, der einzigartig aus der heutigen Mundartwelle und Mundartlyrik hervorragt und wohl bleiben wird.

Dr. Rupert Sigl